U0129535

图解陈氏太极拳老架一路74式

精编视频学习版

高崇、灌木体育编辑组 编著　　杨天硕 摄影

人民邮电出版社
北京

图书在版编目（CIP）数据

图解陈氏太极拳老架一路74式：精编视频学习版 /
高崇编著；杨天硕摄. —— 北京：人民邮电出版社，
2023.11
ISBN 978-7-115-62025-5

Ⅰ．①图… Ⅱ．①高… ②杨… Ⅲ．①陈式太极拳—
套路（武术）—图解 Ⅳ．①G852.111.9-64

中国国家版本馆CIP数据核字(2023)第113320号

免责声明

作者和出版商都已尽可能确保本书技术上的准确性以及合理性，并特别声明，不会承担由于使用本出版物中的材料而遭受的任何损伤所直接或间接产生的与个人或团体相关的一切责任、损失或风险。

内 容 提 要

本书由太极拳世界冠军、中国武术六段高崇示范动作并作为武术指导。本书在简要介绍陈氏太极拳的起源和发展等背景知识的基础上，以超过 600 幅高清连拍图结合细致的文字说明的方式，对陈氏太极拳老架一路 74 式连贯套路进行了讲解。本书适合太极拳尤其是陈氏太极拳爱好者进阶学习使用。

◆ 编　著　高　崇　灌木体育编辑组
　　摄　影　杨天硕
　　责任编辑　刘日红
　　责任印制　彭志环

◆ 人民邮电出版社出版发行　　北京市丰台区成寿寺路 11 号
　　邮编　100164　　电子邮件　315@ptpress.com.cn
　　网址　https://www.ptpress.com.cn
　　涿州市般润文化传播有限公司印刷

◆ 开本：700×1000　1/16
　　印张：7.5　　　　　　　　　　2023 年 11 月第 1 版
　　字数：173 千字　　　　　　　2023 年 11 月河北第 1 次印刷

定价：29.80 元

读者服务热线：(010)81055296　印装质量热线：(010)81055316
反盗版热线：(010)81055315
广告经营许可证：京东市监广登字 20170147 号

在线视频访问说明

本书提供陈氏太极拳老架一路74式连贯套路的在线视频，您可以按照以下步骤，免费观看本书在线视频。

步骤 1 点击微信聊天界面右上角的"+"，弹出功能菜单（图1）。点击"扫一扫"，扫描右侧二维码。

步骤 2 添加"阿育"为好友（图2），然后进入聊天界面并回复关键词"62025"（图3）。

图 1

图 2

步骤 3 点击弹出的视频链接（图3），进入视频界面（图4），

再次点击视频名称即可直接观看视频。

图 3

图 4

目录

第一章

认识陈氏太极拳 老架一路74式

陈氏太极拳的起源可追溯到陈氏始祖陈卜

陈氏太极拳的历史起源与流派发展

历史起源

　　陈氏太极拳的起源可追溯到陈氏始祖陈卜。陈卜，原籍泽州（今山西晋城）。陈卜在陈家沟定居后，出于保卫家园和维持地方安宁的需要，开始在村中开办武学社，传授武艺，而太极拳的记载主要是从陈氏第九世祖陈王廷记起。

　　在陈氏太极拳发展史上，不能不提以下三个人，即陈王廷、陈长兴、陈发科三位宗师。

　　陈王廷（1600—1680），字奏庭，明末清初时期陈家沟陈氏第九代传人，他依据祖传拳术，博采众长，并根据《易经》而创编出陈氏太极拳。而后陈家沟村民练习太极拳之风越来越盛，无论男女老幼皆习拳且世代承袭。

　　至陈氏十四世陈长兴（1771—1853）时，太极拳有了大的变革与发展。陈长兴在祖传老架五个套路的基础上，将太极拳精练归纳为当今流行的两个套路：第一路（大架）和第二路（炮捶）。后人称这两路拳为太极拳老架。

　　直到近代，陈氏十七世陈发科（1887—1957）于1928年到北京传拳，他以"挨着何处何处击，将人击出不见形"的高超技艺受到当地武术界的叹服，从而在北京立足，将300年来只流传在陈家沟的太极拳发扬光大。这是陈家沟陈氏太极拳发展的一个重要里程碑，开创了陈氏太极拳的新纪元。

流派发展

　　陈氏太极拳从架势上分为两种，一种是老架套路陈氏太极拳，另一种是新架套路陈氏太极拳。老架陈氏太极拳产生于清朝初年，由陈王廷编排，共有五个套路。其中一路、二路就是今天广为流行的陈氏太极拳一路和二路。新架陈氏太极拳是陈家沟的陈有本拳师编排而成。与老架相比，新架继承了老架的套路顺序，又摒弃了老架中较难的动作；在架势上，新架的动作更小，转圈小，因此新架被称为"小圈拳"，老架也就相应地被称为"大圈拳"了。新架陈氏太极拳发展至拳师陈鑫时代，陈鑫将太极拳法进行总结，编著《陈氏太极拳图说》一书。

　　陈氏太极拳流传时间长，是很多其他太极拳的渊源，比如杨氏太极拳、吴氏太极拳、武氏太极拳、孙氏太极拳等。除了这些太极拳法，陈氏太极拳还有一个重要分支，即中国温县南冷架太极拳。南冷架太极拳为嫡传拳法，一代代传下来，架势纯正，保留着其拳法的传统风格，也尽含太极哲学。到了第四代嫡传大师秦毅风时，他对南冷架太极拳进行了改良，去掉繁杂的不实用的部分，使南冷架太极拳更适合实战，是陈氏太极拳中独具古韵的拳法。

陈氏太极拳老架一路74式介绍

　　陈氏太极拳老架一路74式是老架陈氏太极拳，从陈王廷编这套拳法起，至今已有300多年的历史，经过不断地提炼、发展，已经成为成熟的套路且广为传播。老架一路74式在练习时可以有不同的速度和强度，架子也有高、中、低三种可选择；不同身体素质的人可选取与自己匹配的速度和强度，且身体强壮者练低架子，身体老弱者更适合练高架子。在拳法特点上，74式讲究缠丝劲，力量的来源为腰脊，贯通于四肢；动作多呈螺旋形，一动而牵全身；力度上刚柔相济，柔中带刚，刚中有柔；气沉丹田而不滞，动作和运气相结合，快速和慢速相结合。

第二章

陈氏太极拳老架一路74式套路教学

陈氏太极拳老架一路74式是老架陈氏太极拳，从陈王廷编创至今，经过不断地提炼、发展，已经成为成熟的套路且广为传播

第一式 起势

壹

身体直立，双臂下垂于身体两侧，两脚并立，目视前方。

贰

保持身体平衡，重心移至右脚，然后左腿屈膝抬起。

叁

左脚向左迈一步，前脚掌先落地，而后过渡到全脚掌。两脚距离约同肩宽。

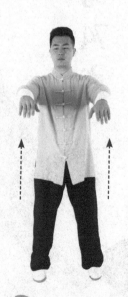

肆

两臂慢慢向前、向上平举，腕部上提，手掌稍稍下垂，掌心向下。

伍

两臂抬至与肩平，掌心向下；眼睛先看向右手，再看向左手。

陆

两肩松沉，腕部下沉，带动两臂下落，直至手掌落于腹前；同时，两腿屈膝下蹲；目视前方。

第二式　金刚捣碓

壹

接上式。保持两腿屈膝；两手翻转，掌心向左，两手距离约同肩宽，同时向左上方画弧，直至约与肩平。

贰

以右脚脚跟为支点，向右转体约90度；双臂同时水平向右画弧，掌心向右。

叁

保持两臂姿势不变，重心移至右腿，左脚收向右脚，脚不挨地。

肆

然后左脚再向左前方迈一大步，左腿伸展开。

伍

上身右转，双腿屈膝使身体重心下沉；同时双手向右、向下推，两手拇指相对，掌心向外；眼睛看向双手。

陆 　上身左转的同时，双手同时向左、向上画弧，左手画弧至左胸前方，右手画弧至腰部右侧，掌心均向外。

柒 　重心转移至左腿，上身继续左转，右脚收向左脚，脚不挨地；同时右手继续向前划至腰部右前方；左臂向身前屈肘。

扬 　右脚在身体右前方落地，屈膝；同时右臂前抬，掌心向上；左臂收向左胸，再贴向右臂内侧。

玖 　右臂屈肘上抬，至脸部前方时变掌为拳；同时左臂下落至腹前，掌心向上。接着右臂下落，右拳砸向左掌心。

拾 　右臂再次屈肘上抬至脸部前方；同时右腿屈膝提起。

拾壹 　右臂再次下落，右拳砸向左掌心，做捣碓状；同时右脚向右落地，屈膝。

第三式 懒扎衣

壹

接上式。上身左转，同时右手变掌，掌心向上，双手上抬至胸前。

贰

上身右转，同时右手向外翻掌，向上、向右推至约同耳高；左手向下翻掌，向左、向下按至髋部左侧。

叁

左手向后、向上画弧；右手向下画弧，眼随右手转动；同时重心移向左腿，右脚收向左脚，脚不挨地。

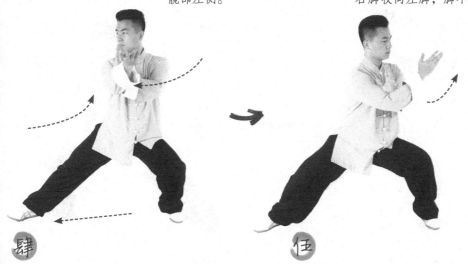

肆

右腿快速向右跨出一大步，呈左弓步，重心下降；同时右手向左、向上划至胸前，掌心向上；左臂屈肘，左手右推，直至左腕贴向右臂内侧。

伍

右腿屈膝，重心右移，双手同时向身前做小幅内摆，然后重心再次移至左腿，上身左转；同时右手小幅左摆，掌心向左；左腕保持贴在右臂内侧。

陆

重心移至右腿，上身右转回正；同时右臂水平右捋，掌心向外；左手向下、向左画弧。眼睛看向右手。

柒

右手捋至身体右前方，竖掌，约同肩高；左手贴至左腿上方，虎口向内；同时屈膝，持续降低身体重心。

第四式 六封四闭

壹

接上式。右手向外翻掌，掌心向右、向下；同时左手向右、向上画弧。眼睛看向右手。

贰

上身左转，重心左移；同时双手一起向下、向左捋，掌心向外。

 叁

双手捋至身体左侧，左手掌心向后，右手掌心向上；同时上身继续左转，右腿彻底伸展开。

 肆

上身右转，屈右膝，重心移至右腿，左腿伸展开；同时右掌下翻，向右屈肘回撤；左掌上翻，向上屈肘，掌心向右。

 伍

上身右转，左脚向右脚的方向上一小步，脚尖点地；同时右手回撤至胸前；左手经左耳向前、向下推，直至接近右手，双手拇指指尖相对。

 陆

双腿屈膝，重心下降的同时，双手向前、向下推，直至腹部前上方；同时上身向后仰。眼睛看向双手。左脚保持脚尖点地。

11

第五式　单鞭

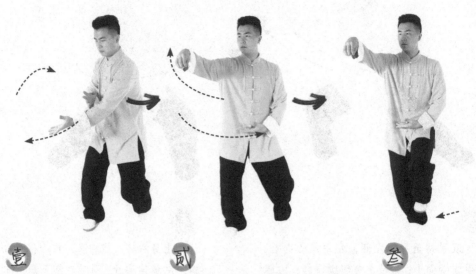

壹　　接上式。右臂屈肘，右手收向胸前；同时左手向前、向下探出，掌心向上。

贰　　右手在胸前位置变掌为钩手，然后向右前方、向上摆至约与肩平；左手收至腹部正前方。

参　　重心转移至右腿，左脚收向右脚，脚不挨地。

肆　　左脚向左侧跨一大步，脚跟先着地，左腿蹬直，头部左转，看向左侧。

伍　　上身稍稍左转，左腿向左顶膝；同时左手从腹部正前方摆向腹部左前方。

陆　　右腿屈膝，上身右转；同时左手向右、向上画弧，靠近右手；头部也跟随右转。

双脚踏实，重心保持稳定；左手向左水平捋，一直捋至身体左侧，手臂打开，掌心向左，眼睛看向左手，跟随左手移动。

屈双膝，重心下降，左掌向上竖起，掌心向前。眼睛看向前方。

第六式　金刚捣碓

壹

接上式。上身左转约90度，重心左移，右腿伸直，呈左弓步；同时右手变钩手为掌，经身前，按照半圆轨迹向左画弧；左手向外翻掌。

贰

右腿向右顶膝，重心右移，上身右转；同时右手向外翻掌，左手向上翻掌。

叁

上身右转，同时两手经头部前方，一并向右捋至身体右前方，约同肩高；然后双手向下翻掌，再继续向左、向下捋，掌心斜向下。

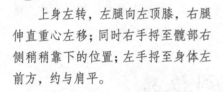

肆

上身左转，左腿向左顶膝，右腿伸直重心左移；同时右手捋至髋部右侧稍稍靠下的位置；左手捋至身体左前方，约与肩平。

伍

向左转体，重心移至左腿，屈膝，右腿提起，贴向左腿，脚不挨地，紧接着向前迈一步；同时右臂向前、向上屈肘抬起，变掌为拳，拳心朝内，约与嘴同高；左手先屈肘贴向右臂内侧，再翻掌，掌心向上，并下压至右腹前方。

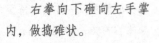

陆

右拳向下砸向左手掌内，做捣碓状。

柒

重心转移到左腿，右腿屈膝上提，直至与腹部齐高；同时右臂再次向上屈肘，抬至脸部前方。

捌

右臂再次下落，右拳砸向左掌心，做捣碓状；同时右脚向右落地，屈膝。

14

第七式 白鹤亮翅

壹

　　接上式。上身稍稍左转,右手变拳为掌,掌心向上,两手同时上抬至胸部前方。

贰

　　重心右移,左脚先收向右脚,然后向左后方迈一大步,降低重心;左手向左下方画弧至髋部左侧;右手向右前方画弧,腕部约与肩平。

叁

　　上身稍稍左转,右脚稍稍收向左脚,脚尖点地;同时右手下按至腹部右前方,掌心向下;左手上举至头部左前方,手臂打开,掌心向外。

肆

　　右脚向右后方迈一步,上身稍稍右转;同时两手收向胸前,交叉,左手架在右手上,掌心向右,右手掌心向左。

伍

　　右腿屈膝,重心向后,然后左脚收向右脚;同时双掌外翻,上抬至脸部前方。

陆

　　屈膝,降低重心,上身左转;同时右手上抬至头部右前方;左手下按至腹部左前方。

第八式 斜行

壹

接上式。保持重心稳定，身体微微左拧；同时右手向内、向下沿逆时针方向摆动；左手从腹部左前方向左后方摆动。

贰

右脚以脚跟为轴，身体右转约90度；同时右手向右、向下画弧至腹部右前方；左手向左、向上划至头部左前方。眼睛看向左手。

叁

保持重心稳定，左脚先收向右脚，然后向左后方跨出一大步；同时右手推向身体右侧；左臂先微微屈肘收向身前，然后再稍稍前推。

肆

上身右转，屈膝保持身体稳定；同时右掌上翻，右臂上抬约与肩平；左手经脸部左前方，摆向右胸前方。眼睛看向右前方。

伍
　　左腿向左顶膝，重心下降，上身左转，前倾；同时右臂屈肘，右手贴向右耳；左手掌心向下，指尖向右，随着身体的左转，向左、向下捋。

陆
　　随着上身的左转，右腿打开伸直，呈左弓步，重心提升；同时左手继续从身前摆向左上方，腕部略高于肩，然后掌变为钩手；右手跟随头部左转，自然贴向左臂的大臂内侧。眼睛看向左手的方向。

柒
　　右手沿左臂前推，手臂伸直，掌心向前；左手呈钩手状，保持不动，掌心向下、向内。

捌
　　上身右转，右手水平向右推至身体右前方，指尖向左。眼睛一直跟随右手转动。

玖
　　右臂向下沉腕，右手指尖向上，掌心向前。眼睛看向右手的方向。

第九式 搂膝

壹

接上式。上身前倾,重心下降;同时左手变钩手为掌,掌心朝前,向前、向下推;右手向内、向下推。

贰

上身左转,左膝前顶,右腿伸展开;同时两手向左膝前方下搂,如同要捞起一件东西一样,掌心均向内翻转。

叁

上身抬起,双手一起上抬,掌心向上。眼睛一直看向左手的方向。

肆

左脚向右脚撤一小步,脚尖点地,身体后坐,重心后移;同时双臂向身前屈肘收回。

伍

重心在右腿上,左脚尖保持点地,上身右转,身体继续后倾;双手继续撤向身前。眼睛看向左手。

陆

上身左转,双手向前翻掌,掌心向前;左手前推,右手贴向左腕内侧。眼睛一直看向左手。

第十式　拗步

壹　接上式。两手同时向右、向下画弧，掌心向下。

贰　左脚收向右脚，脚尖点地，上身稍稍右转；同时左臂向胸前屈肘；右臂继续向右下方画弧至腰部右侧，手臂打开。

叁　左脚迅速向左上方跨出一步，脚跟先着地，然后过渡至全脚掌着地；同时上身左转；左手经身前向左肩前上方推出，掌心向前。

肆　上身左转，右腿向右前方迈步，脚跟着地，然后过渡至全脚掌着地；左手向下画弧至髋部左侧；右手从右后方经过右耳侧，向前推出，腕与肩平。

伍　上身右转，左脚收向右脚，然后迅速向左上方跨出一步，脚跟先着地，然后过渡到全脚掌着地；右手向下画弧至髋部右侧；左手先摆向身体左后方，然后再向上摆至左耳侧，经左耳侧向前推出，腕与肩平，掌心向前。

第十一式 斜行

壹

接上式。上身右转，屈膝保持身体稳定；同时右掌上翻，右臂上抬约与肩平；左手经脸部左前方，摆向右胸前方。眼睛看向右前方。

贰

左腿向左顶膝，重心下降，上身左转，前倾；同时右臂屈肘，右手贴向右耳；左手掌心向下，指尖向右，随着身体的左转，向左、向下捋。

叁

随着上身的左转，右腿打开伸直，呈左弓步，重心提升；同时左手继续从身前摆向左上方，腕部略高于肩，然后掌变为钩手；右手跟随头部的左转，自然贴向左臂的大臂内侧。

肆

右手沿左臂前推，手臂伸直，掌心向前；左手呈钩手状，保持不动，掌心向下、向内。

伍

上身右转，右手水平向右推至身体右前方，指尖向左。眼睛一直看向右手。

陆

右臂向下沉腕，右手指尖向上，掌心向前。眼睛看向右手的方向。

第十二式 搂膝

 壹

接上式。上身前倾，重心下降；同时左手变钩手为掌，掌心朝前，向前、向下推；右手向内、向下推。

貳

上身左转，左膝前顶，右腿伸展开；同时两手向左膝前方下搂，如同要捞起一件东西一样，掌心均向内翻转。

 叁

上身抬起，双手一起上抬，掌心向上。眼睛一直看向左手的方向。

 肆

左脚向右脚撤一小步，脚尖点地，身体后坐，重心后移；同时双臂向身前屈肘收回。

伍

重心在右腿上，左脚尖保持点地，上身右转，身体继续后倾；双手继续撤向身前。眼睛看向左手。

 陆

上身左转，双手向前翻掌，掌心向前；左手前推，右手贴向左腕内侧。眼睛一直看向左手。

21

第十三式 拗步

壹 接上式。两手同时向右、向下画弧，掌心向下。

贰 左脚收向右脚，脚尖点地，上身稍稍右转；同时左臂向胸前屈肘；右臂继续向右下方画弧至腰部右侧，手臂打开。

叁 左脚迅速向左上方跨出一步，脚跟先着地，然后过渡至全脚掌着地；同时上身左转；左手经身前向左肩前上方推出，掌心向前。

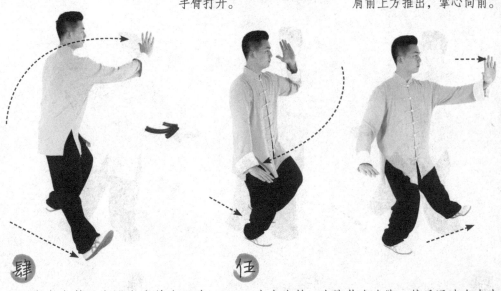

肆 上身左转，右腿向右前方迈步，脚跟着地，然后过渡至全脚掌着地；左手向下画弧至髋部左侧；右手从右后方经过右耳侧，向前推出，腕与肩平。

伍 上身右转，左脚收向右脚，然后迅速向左上方跨出一步，脚跟先着地，然后过渡至全脚掌着地；右手向下画弧至髋部右侧；左手先摆向身体左后方，然后再向上摆至左耳侧，经左耳侧向前推出，腕与肩平，掌心向前。

第十四式 掩手肱拳

壹

接上式。右膝顶向右前方，上身稍稍右转的同时，两手相交于胸前，左手在内，右手在外，掌背相对。

贰

左腿屈膝，重心下降；同时两手下压至腹部前方，掌心朝下。

叁

左膝前顶，右腿打开，呈左弓步，双手向身体两侧平举，掌心向外。眼睛看向左手。

肆

上身右转，身体后坐，重心下降；同时右手变掌为拳，屈肘收于右胸前；左臂向身前屈肘，手同肩高。

伍

上身迅速左转，同时右腿快速蹬直；右臂快速向正前方出拳，拳心向下；左手则快速收向左侧腰间。

23

第十五式 金刚捣碓

壹

接上式。右腿屈膝、重心下降后，右腿再迅速蹬直，重心再次提升；同时左臂向上屈肘；右拳变掌，沉腕向左下方画弧。

贰

右腿向右顶膝，重心右移，上身右转；同时右手向外翻掌；左手经胸前向左下方画弧。

叁

重心左移，右腿伸直，上身右转；同时右手水平向右画弧；左臂摆向左后方。

肆

右腿向左脚靠一小步，重心左移；同时右臂经耳侧向右后方画弧，再继续向下、向前画弧；左手向左上方画弧。眼睛看向右手。

伍

重心转移至左腿，上身继续左转，右脚收向左脚，脚不挨地；同时右手继续向前划至腰部右前方；左臂向身前屈肘。

陆

右脚在身体右前方落地，屈膝；同时右臂前抬，掌心向上；左臂收向左胸，再贴向右臂内侧。

柒

右臂屈肘上抬，至脸部前方时变掌为拳；同时左臂下落，掌心向上。接着右臂下落，右拳砸向左掌心。

捌

右臂再次屈肘上抬至脸部前方；同时右腿屈膝提起。

玖

右臂再次下落，右拳砸向左掌心，做捣碓状；同时右脚向右落地，屈膝。

第十六式 撇身捶

壹

接上式。上身稍稍右转后再回正，同时右脚贴向左脚，脚不挨地；双手平举于身体两侧，眼睛看向右前方。

贰

重心左移，左腿屈膝，右脚向右侧跨出一大步，脚内侧先着地；同时双手在胸前相合，掌背相对。

叁 　重心右移，右腿向右顶膝；同时双手稍稍向右摆。

肆 　紧接着左腿向左顶膝，上身左转，呈左弓步；同时双手向左上方画弧至头部左前方，左手掌心向前，右手掌心向左。眼睛看向左手。

伍 　重心右移，右腿向右顶膝，上身右转约180度，前倾；同时右手向右、向下按至右膝右侧；左手跟随头部右转，水平向右画弧至脸部右前方。

陆 　右手向上翻掌，从右膝右侧继续向右上方画弧，掌心向上；左手由脸部前方向下画弧。

柒 　上身左转，前倾，重心左移，左腿屈膝，右腿蹬直；同时左手向左画弧，掌心向下；右手保持姿势跟随身体一起左转。

捌

上身左转，略略直起；同时左手向左画弧至腿部左侧；右手向左水平画弧至脸部前方。

玖

右腿屈膝，上身略略右转，保持前倾状态；五指张开，虎口向内放于髋部边缘；右手变掌为拳，拳心向下。两腿屈膝蹬地。

拾

右臂屈肘，顶向右上方，带动上身右转，直至手臂位于脸部右侧；左臂保持状态，跟随上身一起右转。眼睛看向下方。

第十七式　青龙出水

壹

接上式。左肩向后收回，上身稍稍向左回正；同时右手沿顺时针先向右上方、再向右下方画弧，手心向上；左臂保持屈肘，摆至胸前。

贰

右腿蹬直，上身右转；同时右手摆向腰部右侧；左手推向前下方；眼睛看向左手。

叁

屈右膝，上身左转，重心右移；同时右臂经胸前迅速摆至右膝前上方；左手经腹前向身体左后方画弧。眼睛看向右手。

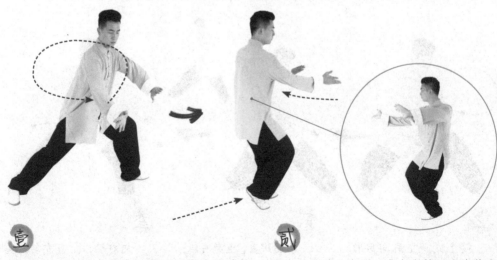

肆

上身右转；同时左手从身体左侧，向前、向上画弧，掌心斜向上；右手屈肘放至胸前。

伍

上身左转约回正，屈双膝，保持身体稳定；左臂屈肘，左手收回腰间；右手快速从胸前向右下方出拳。眼睛看向右手。

第十八式　双推手

壹

接上式。双手变为双掌，经胸前逆时针画弧一圈，直至右手位于身体右前方，左臂屈肘位于身体左前方，掌心向外；同时上身跟随双手的画弧也逆时针旋转，直至上身正面朝向左前方；重心左移，右腿彻底伸展开。

贰

重心移至左腿，上身左转，右脚收左脚，脚不挨地；双手继续跟随身体的左转，向左画弧。眼睛看向右手。

叁

上身继续左转，同时右脚迈向右前方，脚跟先着地，然后过渡为整个脚掌；双手继续向左捋至身体左前方。

肆

上身右转，左脚收向右脚，脚尖点地，双脚距离略窄于肩宽，双膝微屈；同时双手向右摆至胸前，两手竖起，掌心相对。

伍

双手向前推出，掌心向前。

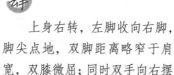

第十九式　肘底看拳

壹

接上式。上身稍稍右转，右手先向右下方画弧，掌心向下，再翻掌向左上方穿至胸部前上方，掌心向上；左手也屈肘划向胸前，位于右手下方。

贰

上身左转后再度右转；同时右手向外翻掌，向右捋至头部右前方，掌心向外；左手下按至腹部左前方。

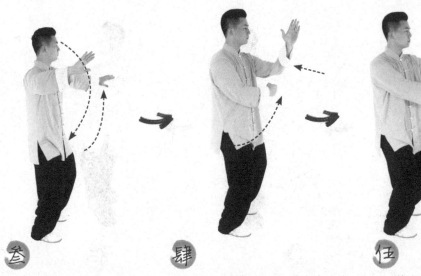

叁　保持重心稳定，上身稍稍向右拧转；同时右臂向右下方画弧至右侧腰间，左臂向左上方画弧至头部左前方。

肆　上身继续右转，右手变掌为拳，从右侧腰间摆向左臂肘部下方，做肘底捶；同时左臂向上屈肘，左手掌心朝右，指尖朝向前上方。

伍　等身形稳定后，左手有一个微微向上竖掌的动作，指尖朝上，眼睛看向左手。

第二十式　倒卷肱

壹　接上式。上身右转，左脚尖点地；同时右手变拳为掌，画弧至腰部右前方；左手向前推。

贰　上身继续右转，重心右移，右手向后上方画弧至右臂伸展开，且与肩平；左臂继续向前伸展，直至左臂彻底打开，且与肩平。

叁　左腿向身体左后方迈出一步，脚掌内侧先着地，上身左转，前倾；同时右手经右耳侧前推出；左手向左侧腰间画弧。

肆

上身左转；同时左手从左侧腰间向左上抬至与肩平；右手掌心下翻。

伍

右脚收向左脚，脚尖点地；同时左臂屈肘，左手收回至耳侧，头部向右侧偏转。

陆

上身右转，右腿向右后方撤步，屈双膝，重心下降；同时左手经左耳侧前推；右手向下画弧至髋部右前方。眼睛看向左手。

柒

左脚向右前方迈一小步，伸直，脚尖点地，重心右移，上身右转；同时右臂向身体右侧打开，腕与肩平。

捌

左脚收向右脚，脚尖点地；同时右臂向右耳侧屈肘。

玖

左腿向身体左后方撤步，上身左转；同时右手经右耳侧向前推出；左手向左侧腰间画弧。

第二十一式 白鹤亮翅

壹

接上式。上身左转；同时左手从左侧腰间向左上抬至与肩平；右手掌心下翻。

贰

右脚收向左脚，脚尖点地；同时左臂屈肘收回至耳侧，头部向右侧偏转。

叁

上身右转，右腿向右后方撤步，屈双膝，重心下降；同时左手经左耳侧前推；右手向下画弧至髋部右前方。眼睛看向左手。

肆

左脚向右前方迈一小步，脚尖点地，重心右移，上身右转；同时右臂向身体右侧打开，腕与肩平。

伍

左脚收向右脚，脚尖点地；同时右臂向右耳侧屈肘。

陆

左腿向身体左后方撤步，上身左转；同时右手经右耳侧向前推出；左手向左侧腰间画弧。

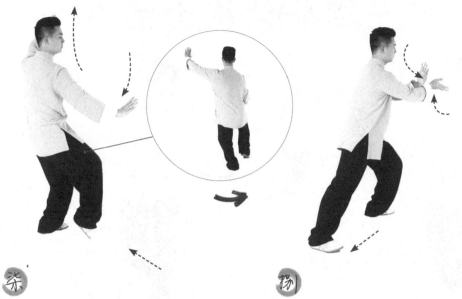

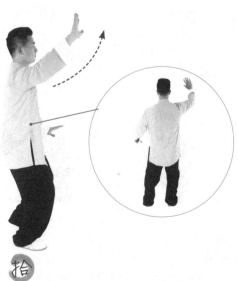

柒

上身稍稍左转，右脚稍稍收向左脚，脚尖点地；同时右手下按至腹部右前方，掌心向下；左手上举至头部左前方，手臂打开，掌心向外。

捌

右脚向右后方迈一步；同时两手收向胸前，交叉，左手架在右手上，掌心向右，右手掌心向左。

玖

右腿屈膝，重心向后，然后左脚收向右脚；同时双掌外翻，上抬至脸部前方。

拾

屈膝，降低重心，上身左转；同时右手上抬至头部右前方；左手下按至腹部左前方。

第二十二式 斜行

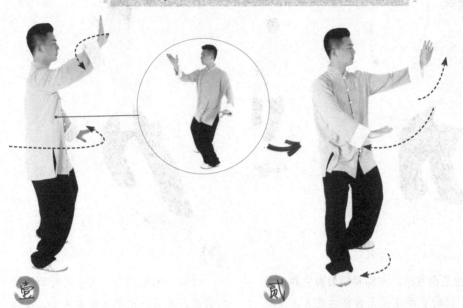

接上式。保持重心稳定，身体微微左拧；同时右手向内、向下沿逆时针方向摆动；左手从腹部左前方向左后方摆动。

以右脚脚跟为轴，身体右转约90度；同时右手向右、向下画弧至腹部右前方；左手向左、向上划至头部左前方。眼睛看向左手。

保持重心稳定，左脚先收向右脚，然后向左后方跨出一大步；同时右手推向身体右侧；左臂先微微屈肘收向身前，然后再稍稍前推。

上身右转，屈膝保持身体稳定；同时右掌上翻，右臂上抬约与肩平；左手经脸部左前方，摆向右胸前方。眼睛看向右前方。

伍

　　左腿向左顶膝，重心下降，上身左转，前倾；同时右臂屈肘，右手贴向右耳；左手掌心向下，指尖向右，随着身体的左转，向左、向下捋。

陆

　　随着上身的左转，右腿打开伸直，呈左弓步，重心提升；同时左手继续从身前摆向左上方，腕部略高于肩，然后掌变为钩手；右手跟随头部左转，自然贴向左臂的大臂内侧。眼睛看向左手的方向。

柒

　　右手沿左臂前推，手臂伸直，掌心向前；左手呈钩手状，保持不动。

捌

　　上身右转，右手水平向右推至身体右前方，指尖向左。眼睛一直跟随右手方向转动。

玖

　　右臂向下沉腕，右手指尖向上，掌心向前。眼睛看向右手的方向。

第二十三式　闪通背

壹　接上式。保持左弓步姿势，上身左转；同时右手向外翻掌，再向左画弧至左肩前方，指尖向右；左手变钩手为掌，向左推掌，掌心向左。

贰　屈右膝，重心右移，左脚向右脚靠近一小步，脚尖着地；同时右手腕翻转，变为指尖向左，掌心向外，向右画弧至右肩前方；同时左手向下、向右画弧至髋部前方。

叁　上身稍稍左转，右手向右、向下画弧至髋部右侧，掌心向下；左手向右上方画弧，并屈肘收于身前，约同肩高。

肆　上身左转约90度，右手画弧至腹部左前方；同时左臂向左推。左脚保持脚尖着地。

伍　重心转移至右腿；同时右臂屈肘，右手向上画弧至胸前；左手向下画弧至髋部左侧。

陆　上身右转，左脚向左前方跨出一步，脚跟着地；同时右手下按至髋部右侧；左手上划，掌心向上，约同肩高。

36

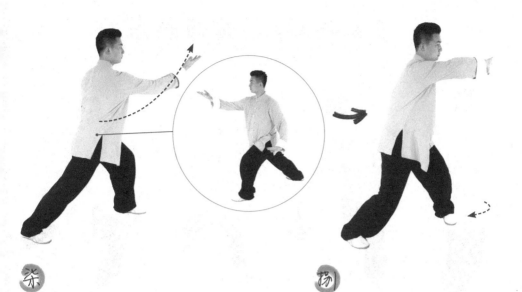

捌 左脚踩实，左腿向左前方顶膝，右腿伸直，呈左弓步，上身左转并前倾；左手翻掌向下按至髋部左侧；右手向上翻掌，并向上、向前穿至右胸前方。

柒 双腿屈膝，重心下降，左脚脚尖内旋，向右拧转身体；同时右臂向身前屈肘，掌心外翻，指尖向左。

玖 以左脚为轴，身体迅速向右转体180度；同时右腿向上提膝，脚尖向下；右臂保持在身前屈肘，掌心向外，跟随身体一起右转；左臂向身体左侧打开，约与肩平。眼睛看向右手。

拾 双手在身前交叉，掌背相对，掌心向外。眼睛看向前方。

第二十四式 掩手肱拳

壹　接上式。保持双手姿势，右脚下落踩实，双腿屈膝。

贰　左腿向左前方迈出一步，然后屈膝，重心下降；同时两手下压至腹部前方，掌心朝下。

叁　左膝前顶，右腿打开，呈左弓步，双手向身体两侧平举，掌心向外。眼睛看向左手。

肆　上身右转，身体后坐，重心下降；同时右手变掌为拳，屈肘收于右胸前；左臂向身前屈肘，手同肩高。

伍　上身迅速左转，同时右腿快速蹬直；右手快速向正前方出拳，拳心向下；左手则快速收向左侧腰间。

第二十五式 六封四闭

壹

接上式。上身右转，重心右移，左腿伸展开；同时右手变拳为掌，掌心翻至向右、向下；同时左手向右、向上画弧，直至贴近右手腕部。眼睛看向右手。

贰

双腿屈膝，重心下降，上身左转，重心左移；同时双手一起向下、向左捋，掌心向外。

叁

以左脚为轴，向左转体约90度，右脚贴向左脚，脚尖点地；同时双手继续向左捋。

肆

上身继续左转，右脚向右前方迈出一步；同时双手继续捋至身体左侧，左手掌心向外，右手掌心向上。

伍

上身右转，屈右膝，重心移至右腿，左腿略略打开；同时右掌下翻，向右屈肘回撤；左掌上翻，向上屈肘，掌心向右。

陆

向右转体，左脚向右脚的方向上一小步，脚尖点地；同时右手回撤至胸前；左手向前、向下推，直至接近右手，两手拇指指尖相对。

柒

双腿屈膝，重心下降的同时，双手向前、向下推，直至腹部前上方；同时上身后仰。眼睛看向双手。左脚保持脚尖点地。

第二十六式 单鞭

壹

接上式。右臂屈肘，右手收向胸前；同时左手向前、向下探出，掌心向上。

贰

右手在胸前位置变掌为钩手，然后右手向右前方、向上摆至约与肩平；左手收至腹部正前方。

叁

重心转移至右腿，左脚收向右脚，脚不挨地。

肆 左脚向左侧跨一大步，脚跟先着地，然后过渡至全脚掌着地，左腿蹬直，头部左转，看向左侧。

伍 上身稍稍左转，左腿向左顶膝；同时左手从腹部正前方摆向腹部左前方。

陆 右腿屈膝，上身右转；同时左手向右、向上画弧，靠近右手；头部也跟随右转。

柒 双脚踏实，重心保持稳定；左手向左水平捋，一直捋至身体左侧，手臂打开，掌心向左，眼睛看向左手，跟随左手移动。

捌 屈双膝，重心下降，左掌向上竖起，掌心向前。眼睛看向前方。

第二十七式 云手

壹

接上式。保持重心稳定，右手变掌向下、向左画弧。

贰

左腿向左顶膝，右腿伸展开，上身左转；同时右手继续向左、向上画弧，直至左胸前方。

叁

右腿屈膝，重心右移，上身右转；同时右手向下翻掌；左手向下、向右画弧，指尖向右前方。

肆

重心继续右移，左腿伸展开，上身右转；同时右手向外翻掌，经脸部前方向右画弧；左手向下画弧至髋部左前方。

伍

上身右转，左腿彻底打开；同时右手继续向右划至头部右前方；左手画弧至右胸前方。

陆

上身左转，重心迅速左移；同时左手向右上方画弧至右肩前方，掌心向前；右手向下画弧至髋部右前方。

上身左转，重心迅速移至左腿，右脚收向左脚；同时左手向左回撤至左肩前方，掌心向前；右手向左、向上画弧至身体左侧，并向上靠近左手。

重心转移至右腿，上身右转，左腿向左迈出一步；同时右手向上画弧至脸部前方，再经脸部前方向右画弧；左手向下画弧至左腿外侧，再向右画弧腹部右前方。

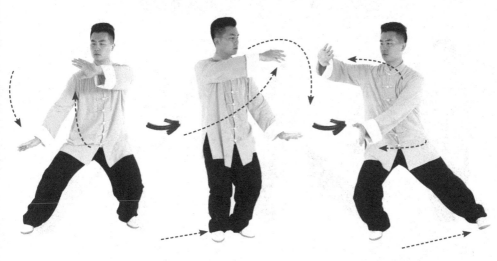

身体回正，屈双膝，重心下降；同时右手继续向下画弧至右腿外侧；左手从腹部右前方继续向上画弧至右肩前。

上身再一次左转，重心迅速移至左腿，右脚再次收向左脚；同时右手向左、向上画弧至左肩前方；左手经脸部前方向左画弧后再向下按至髋部左侧。

重心再次移至右腿，上身右转，左腿向左迈出一步；同时右手经脸部前方向右画弧；左手向右画弧至腹部右前方。

拾贰

身体回正，屈双膝，重心下降；同时右手继续向下画弧至右腿外侧；左手从腹部右前方继续向上画弧至右肩前。

拾叁

上身左转，左腿顶膝，右腿伸展；同时左手经脸部前方向身体左侧画弧，掌心向外。眼睛看向左手。

第二十八式　高探马

壹

接上式。上身左转，右脚贴向左脚，脚尖点地；同时右手贴向左手下方，左手五指张开，掌心向右，右手掌心向上。

贰

右脚向右后方撤一大步；同时右手向下翻掌。眼睛看向右手。

叁

上身右转，右腿屈膝；同时右手向身体右侧画弧至腕与肩平；左手保持姿势不变。眼睛看向右手。

重心移向右腿；同时右臂屈肘，右手贴向右耳。

以右脚为轴，身体向左后方转体约180度；同时左脚向左后方斜插，脚尖先着地，再过渡到脚掌；同时右手经右耳侧向前水平推出；左手向下贴向腹部，掌心向上。

第二十九式　右擦脚

接上式。眼睛看向右手，右手在头部右前方顺时针画一个圆，然后向前推掌；同时左手也跟随右手在身前做一个顺时针画圆的动作，然后靠近右臂内侧。身形也随着右手的画圆动作做一个小幅度的顺时针拧转动作。

重心移至右脚，左脚贴向右脚；同时左手从身前向左上方画弧，掌心向上；右手向右、向下画弧至腹部右前方，再向左、向上画弧至胸部左前方。

叁

　　左脚向右脚的右前方斜插，双腿屈膝下蹲，右腿膝部几乎挨到地面；双手在胸部上方交叉，掌背相对，掌心向外。

肆

　　双脚位置不变，身体直立站起，重心提升；同时双手保持交叉状态，向前、向上推至额头左上方。

伍

　　保持双手和上身姿势不变，重心转移至左腿，左腿伸直，右腿向上提膝，脚尖向下。

陆

　　右腿快速向右前方踢出，脚踝约同肩高；同时右手快速拍击右脚脚面；左手向身体左侧打开，掌心向外。

柒

　　右脚踢出后，迅速以膝部为轴，小腿下摆，恢复为提膝姿势；同时右手向前翻掌，指尖向上；左手保持姿势不变。眼睛看向右手。

第三十式 左擦脚

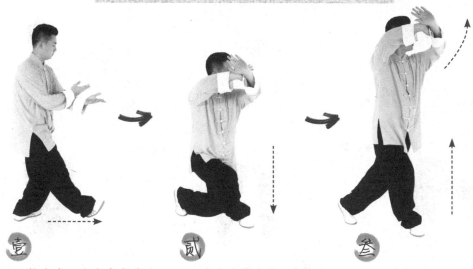

壹

接上式。右脚在身体右前方落地，脚跟先挨地，上身右转；同时双手在胸部前上方交叉，掌心向上。

贰

上身继续右转，右脚尖向右拧转，双腿屈膝下蹲，左腿膝部几乎挨到地面；双手向外翻掌。

叁

双脚位置不变，身体直立站起，重心提升；同时双手保持交叉状态，向前、向上推至额头右上方。

肆

保持双手和上身姿势不变，重心转移至右腿，右腿伸直，左腿向上提膝，脚尖向下。

伍

左腿快速向左前方踢出，脚踝约同肩高；同时左手快速拍击左脚脚面；右手向身体右侧打开，掌心向外。

陆

左脚踢出后，迅速以膝部为轴，小腿下摆，恢复为提膝姿势；同时左手向前翻掌，指尖向上；右手保持姿势不变。眼睛看向左手。

第三十一式 左蹬一跟

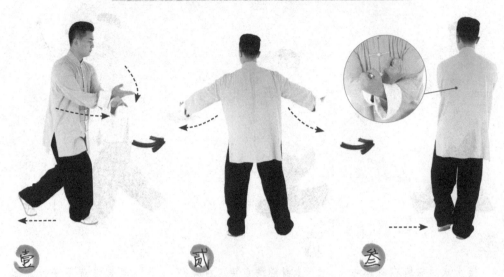

壹　接上式。左脚向左后方落地，脚尖着地，上身前倾；同时双手在胸前交叉，掌心向上。

贰　上身左转90度，左脚踩实；同时双手从身前向身体两侧分开，掌心斜向下。

叁　左脚贴向右脚，同时双手变拳，在身前胸部靠下位置交叉，拳心向上。

肆　重心转移至右腿，左腿提膝，上身略略向右、向后仰。

伍　左腿迅速向左蹬出，约与地面平行；同时双臂迅速向身体两侧打开。

陆　紧接上一步骤，左腿迅速回撤，恢复为提膝状态，脚尖向下；双手变拳为掌，右手向下画弧，左手向身前画弧。

第三十二式 前趟拗步

壹 接上式。左脚向左前方落地，上身左转；同时左手经脸部前方向左画弧，右手向下画弧。

贰 上身继续左转，重心移至左脚，右脚收向左脚，脚不挨地；同时左掌下按至髋部左侧；右臂向上屈肘，右手靠近右耳侧，掌心向前。

叁 右脚向右前方落地，脚跟先着地；同时右手向前推掌，掌心朝前；左手摆向左后方，掌心向下。

肆 右膝前顶，重心右移；同时右手向下画弧至髋部右前方；左臂向上屈肘，左手靠近左耳侧，掌心向前。

伍 左脚收向右脚，脚不挨地，上身稍稍右转；同时右手继续向下画弧至髋部右侧；左手向前推掌，掌心朝前。

陆 左脚向左前方迈出一步，脚跟先着地；同时左手继续前推，直至肘部打开；右手略略摆向身体右后方。

第三十三式 击地捶

壹

接上式。左脚踩实，屈双膝，重心下降，上身右转约90度，前倾；同时左手向右画弧至胸部右前方；右手跟随重心的下降，下按至小腿外侧。

贰

保持重心稳定，右手变掌为拳，右手向头部右后方画弧，右臂再向右后方屈肘，拳同肩高；左臂向身体右前方画弧，掌心向下。

叁

上身左转，同时右手向身前左下方砸拳；同时左手变掌为拳，划向左膝。

肆

上身继续左转，左膝顶向左前方；同时右手砸拳至身前；左臂向左后方屈肘，拳同肩高。目视右拳。

第三十四式　踢二起

 　　接上式。左脚脚尖提起，上身右转，重心右移；同时左手收向身体左侧；右臂屈肘，摆向右上方。

 　　上身继续右转，重心右移；右臂继续屈肘向右摆，拳心斜向下。

叁　　上身继续右转，右腿跟随伸展，脚尖着地；右臂跟随身体的右转，继续右摆。

肆　　以左脚为轴，向右转体90度，左膝微屈，右腿伸展，脚尖点地；同时右臂摆向髋部右侧；左臂上摆至头部左前方。

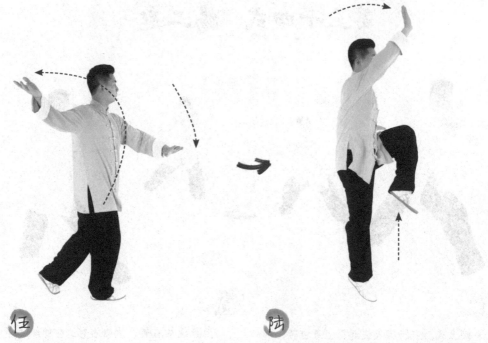

伍 重心前移至右脚，双拳变掌；右手向前、向上摆，再向后摆向头部右后方；左手则向前、向下摆动。

陆 右脚快速蹬地发力，左腿快速上提；同时右臂前摆，左臂下摆。

柒 左腿快速下落，蹬地发力，右腿向前上方踢出；同时右手拍击右脚脚面，左手摆向身体左侧。

捌 右脚踢出后，迅速以膝部为轴，小腿下摆，恢复为提膝姿势；同时右手向前翻掌，指尖向上；左手保持姿势不变。

第三十五式　护心拳

 壹

接上式。右脚落地后，左腿向左侧迈一步；同时双手摆向身体右前方，右手掌心向外，左手掌心斜向上。

 贰

重心移至右腿，上身右转，前倾；同时双手沿顺时针画弧，掌心斜向下。

 叁

重心左移，上身左转，右腿逐渐伸展开；双手向左画弧。

 肆

重心转移至左腿，右脚收向左脚，脚尖点地；同时双手抬向左上方，手心向上。

 伍

右脚向右侧迈一大步，重心左移，上身左倾。双手保持姿势。

陆

右腿向右顶膝，重心右移；同时左手向右推掌，右手向下翻掌后，向下、向后推掌。眼睛看向左手。

柒

重心移至右腿，上身继续右转，右臂屈肘，右手收向腰间，变掌为拳；左手摆至胸前时，变掌为拳并下按至膝前。

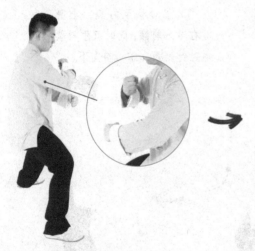

捌

重心提升，上身左转；同时双拳移至胸前，右上左下，拳心向内。眼睛看向右拳。

玖

保持身体其他部位不动，右手向前小幅出拳。眼睛看向右拳。

第三十六式 旋风脚

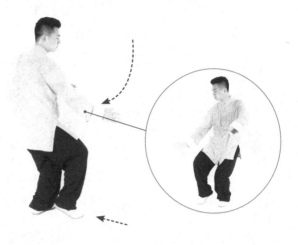

 壹

接上式。双拳变掌，双手向右上方画弧至脸部右前方。

 贰

重心左移，右脚收向左脚；同时右手向右下方画弧至右腿外侧；左手向左划至胸部左前方。

 叁

右腿向上提膝，同时双手向上托举。

 肆

右脚向右前方迈一步，脚尖外拧，同时身体向右转体约90度；双手在胸前交叉，掌心向上。眼睛看向双手。

 伍

双腿屈膝下蹲，左腿膝部几乎挨到地面；双手同时向外翻转，掌心向外。

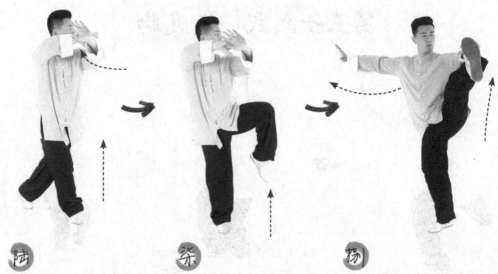

陆

　　双脚位置不变，身体
直立站起，重心提升；同时
双手保持交叉状态，向前、
向上推至额头右上方。

柒

　　保持双手和上身姿势
不变，重心转移至右腿，
右腿伸直，左腿向上提膝，
脚尖向下。

捌

　　左腿快速向左前方踢出，
脚踝约同肩高；同时左手快速
拍击左脚脚面；右手向身体右
侧打开，掌心向外。

玖

　　接着在左腿下降的同时，身体迅速以右
脚为轴，向右后方转体180度，最终右脚收向
左脚；双手收向身前，交叉，掌心向上。

第三十七式 右蹬一跟

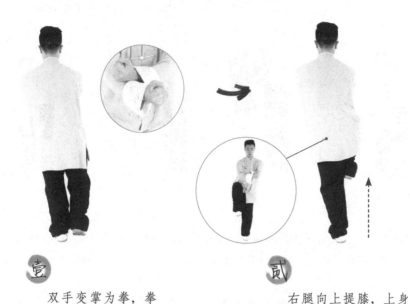

双手变掌为拳，拳心向上。

右腿向上提膝，上身略略向左、向后仰。

右腿迅速向右蹬出，约与地面平行；同时双臂迅速向身体两侧打开。

紧接上一步骤，右腿迅速回撤，恢复为提膝状态，脚尖向下；双手变拳为掌，左手向下画弧，右手向身前画弧。

以左脚为支点，保持右腿屈膝状态，迅速向右转体90度；同时右手从胸前沿顺时针画弧至身体右侧；左手从身体左侧上摆至左耳旁。

第三十八式　掩手肱拳

壹

接上式。右脚下落踩实，双腿屈膝。双手在胸前交叉，掌背相对，掌心向外。眼睛看向双手。

贰

左腿向左前方迈出一步，然后双腿屈膝，重心下降；同时两手下压至腹部前方，掌心朝下。

叁

左膝前顶，右腿打开，呈左弓步，双手向身体两侧平举，掌心向外。

肆　上身右转，身体后坐，重心下降；同时右手变掌为拳，屈肘收于右胸前；左臂向身前屈肘，手同肩高。

伍　上身迅速左转，同时右腿快速蹬直；右手快速向正前方出拳，拳心向下；左手则快速收向左侧腰间。

第三十九式　小擒打

壹　接上式。双手变掌，右手从肩部右前方向脸部前方画弧，然后再向下画弧至身体右前方；左手从左侧腰间屈肘上摆。

贰　重心左移，上身左转，右脚靠近左脚，脚不挨地；右手继续向前、向上画弧；左臂屈肘靠近胸前。

叁　右脚向右前方落地；同时右手向上画弧至肩部右前方；左手贴近右臂内侧，掌心向右。

肆

左脚上前，贴近右脚，脚尖不挨地，上身右转；同时右掌外翻，掌心向外。眼睛看向右手。

伍

左脚向左侧迈一步，右腿屈膝，重心右移，上身稍稍右转；同时右手向右摆；左手向下画弧。

陆

左腿向左顶膝，右腿伸展，重心左移，上身稍稍左转；同时右手向下画弧至身体右前方；左手向左下方画弧至身体左侧。

柒

右腿彻底打开，呈左弓步姿势，上身左转；同时左手向上画弧至腕与肩平；右手向左、向上画弧至胸部左前方，再向胸部屈肘。

捌

重心右移，双腿屈膝，保持重心稳定，上身稍稍右转；同时双臂屈肘收向胸前。

玖

左膝前顶，上身稍稍左转；同时双臂向前推，掌心向前。眼睛看向前方。

第四十式 抱头推山

壹　接上式。屈右膝，重心右移，上身右转；同时双手在身前交叉，掌心斜向内。眼睛看向双手。

贰　上身继续右转，重心提升；右脚向左脚收一步，脚尖点地。

叁　以左脚为轴，身体右转约180度，重心继续提升；双手上抬至腕与肩平。

肆　双手下落至腹部前方，掌心向上。眼睛看向双手。

伍　双手向身体两侧打开，直至腕与肩平。

陆　上身左转，右脚收向左脚，脚不挨地；同时双臂从身体两侧向身前屈肘，双手掌心相对。眼睛看向左手。

柒

右脚向右跨出一大步，重心降低；同时双掌合向身前，掌同肩高。

捌

右腿屈膝，重心右移，上身右转约90度；同时双手跟随上身的右转，向右前方推掌，直至手臂完全打开。

第四十一式 六封四闭

壹

接上式。双腿屈膝，重心下降，上身左转，重心左移；同时双手一起向下、向左捋，掌心向外。

贰

双手捋至身体左侧，左手掌心向后，右手掌心向上；同时上身继续左转，右腿彻底伸展开。

叁

　　上身右转，屈右膝，重心移至右腿，左腿伸展开；同时右掌下翻，向右屈肘回撤；左掌上翻，向上屈肘，掌心向右。

肆

　　上身右转，左脚向右脚的方向上一小步，脚尖点地；同时右手回撤至胸前；左手经左耳向前、向下推，直至接近右手，双手拇指指尖相对。

伍

　　双腿屈膝，重心下降的同时，双手向前、向下推，直至腹部前上方。眼睛看向双手。左脚保持脚尖点地。

第四十二式　单鞭

壹

　　接上式。右臂屈肘，右手收向胸前；同时左手向前、向下探出，掌心向上。

贰

　　右手在胸前位置变掌为钩手，然后右手向右前方、向上摆至约与肩平；左手收至腹部正前方。

叁

　　重心转移至右腿，左脚收向右脚，脚不挨地。

 左脚向左侧跨一大步，脚跟先着地，然后过渡至全脚掌，左腿蹬直，头部左转，看向左侧。

 上身稍稍左转，左腿向左顶膝；同时左手从腹部正前方摆向腹部左前方。

 右腿屈膝，上身右转；同时左手向右、向上画弧，靠近右手；头部也跟随右转。

柒 双脚踏实，重心保持稳定；左手向左水平捋，一直捋至身体左侧，手臂打开，掌心向左，眼睛看向左手，跟随左手移动。

 屈双膝，重心下降，左掌向上竖起，掌心向前。眼睛看向前方。

第四十三式 前招

接上式。上身前倾，右手向左下方画弧，眼睛看向右手。

重心左移，左腿向左顶膝，右腿伸展开，上身左转；同时左手保持动作，右手向左划向胸部左前方。

重心右移，上身右转，屈右膝；同时左手下压至髋部左侧；右手画弧至右肩前方，向外翻掌。

左脚快速靠近右脚后，向前迈出一步，上身右转；同时右手快速画弧至头部右上方；左手向右画弧，掌心斜向内。

第四十四式　后招

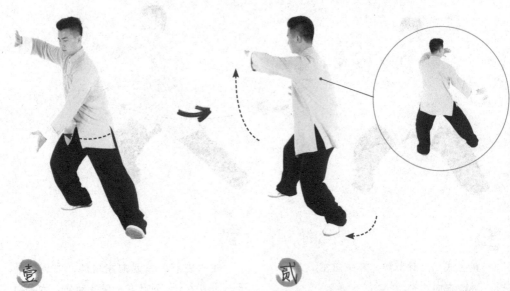

壹
　　接上式。左腿伸展开，重心向后，上身右转；左手继续向右画弧至髋部前方。

贰
　　左脚提起后内旋落地，双腿屈膝，重心下降，上身继续右转；同时左手向上画弧至与下颌齐平；右手向下画弧至身体右侧。

叁
　　右脚向右前方迈一小步，上身稍稍左转；同时左手画弧至头部左上方，掌心向外；右手向左画弧至右腿前上方，掌心向左。

第四十五式　野马分鬃

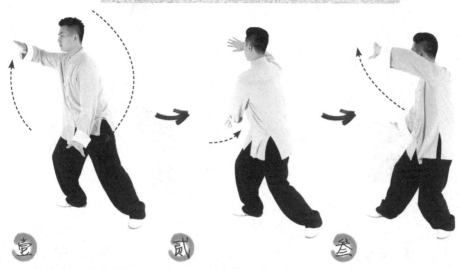

壹

接上式。重心右移；同时左手经身体左后方向下画弧至髋部左前方；右手经身前向上画弧至脸部前方。

贰

上身右转；同时左手继续向右画弧至腹部右前方；右手掌心外翻。

叁

重心移至左腿，身体后坐，上身略略左转；同时右手向下画弧至髋部右前方；左手向上画弧至头部左上方。

肆

上身左转，右脚快速靠近左脚后再快速向右跨出一步，重心下降；同时右手收向胸前；左手经身体左侧下按至髋部左侧。眼睛看向右手。

伍

右腿向右前方顶膝，左腿伸直，重心右移，上身向右、向前倾；同时右手经身前向右上方画弧，直至头部右前方；左手外摆，掌心斜向下。

陆

上身右转，重心转移至右腿，左脚收
向右脚，脚不挨地；左手经身前向左前方
画弧；右手下按。

柒

左脚向左前方跨一步，向左前方顶膝，
右腿伸展；同时左手向上画弧至头部左前
方；右手继续下按至髋部右侧。

第四十六式 六封四闭

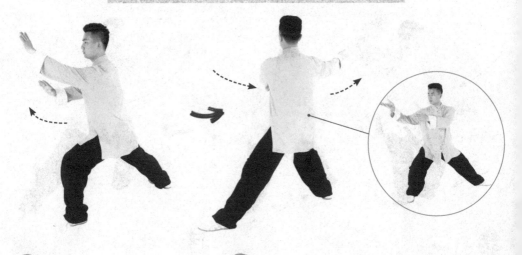

壹

接上式。上身稍稍左转，右手
向左上方摆至胸部左前方。

贰

重心右移，左腿伸展开；同时右手向右摆向身
体右前方，腕与肩平，掌心向上；左手向右摆至胸
部右前方，掌心向内。

叁

　　向左转体，右脚贴向左脚，脚尖点地；同时右臂屈肘，右手收至胸前，掌心向左；左臂保持屈肘，左掌下翻。

肆

　　上身继续左转，右脚向右跨出一步，屈膝，保持重心稳定。眼睛看向右手。

伍

　　右腿向右顶膝，上身右转，左腿伸展开；同时双手向前推，掌心向前。

陆

　　双腿屈膝，重心下降，上身左转，重心左移；同时双手一起向下、向左捋，掌心向外。

柒

　　上身继续左转；同时双手继续捋至身体左侧，左手掌心向外，右手掌心向上。

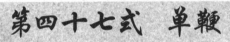

捌

　　上身右转，屈右膝，重心移至右腿，左腿略略打开；同时右掌下翻，向右屈肘回撤；左掌上翻，向上屈肘，掌心向右。

玖

　　向右转体，左脚向右脚的方向上一小步，脚尖点地；同时右手回撤至胸前；左手向前、向下推，直至接近右手，两手拇指指尖相对。

拾

　　双腿屈膝，重心下降的同时，双手向前、向下推，直至腹部前上方。眼睛看向双手。左脚保持脚尖点地。

第四十七式　单鞭

壹

　　接上式。右臂屈肘，右手收向胸前；同时左手向前、向下探出，掌心向上。

贰

　　右手在胸前位置变掌为钩手，然后右手向右前方、向上摆至约与肩平；左手收至腹部正前方。

叁

　　重心转移至右腿，左脚收向右脚，脚不挨地。

70

肆

左脚向左侧跨一大步，脚跟先着地，然后过渡至全脚掌，左腿蹬直，头部左转，看向左侧。

伍

上身稍稍左转，左腿向左顶膝；同时左手从腹部正前方摆向腹部左前方。

陆

右腿屈膝，上身右转；同时左手向右、向上画弧，靠近右手；头部也跟随右转。

柒

双脚踏实，重心保持稳定；左手向左水平捋，一直捋至身体左侧，手臂打开，掌心向左，眼睛看向左手，跟随左手移动。

扬

屈双膝，重心下降，左掌向上竖起，掌心向前。眼睛看向前方。

第四十八式 玉女穿梭

壹　接上式。上身前倾，双手向身前画弧。

贰　重心左移，上身左转；同时右手向左上方画弧至腹部前方；左手向右摆至胸部右前方，贴近右臂之上。

叁　以左脚为轴，向右转体约90度，重心后撤，右脚向左脚收一小步，脚尖点地；右手从胸前向右上方画弧至右肩前方；左手仍位于胸部右前方。眼睛看向右手。

肆　双手同时沿顺时针方向，先向右上方画弧，再向左下方画弧至腹部前方；同时身体也跟着双手运动的轨迹，做顺时针扭转，顺势降低重心。

伍　重心移至左腿，右膝向上高高提起，重心提升；同时右手向上翻掌，抬至与肩齐平；左手上抬高度稍稍低于右手，掌心向右。

陆　左脚小幅上纵离地，下落时，右脚也用力向下落地；同时双手向下翻掌，下压至腹部右前方。

（柒）
　　右膝再次快速提起，双手交叉于胸前，掌心向内。

（捌）
　　上身迅速稍稍左转，后仰；同时双手向两侧分开，掌心相对。

（玖）
　　右脚快速向右蹬出；同时左臂用力向左顶肘；右手快速向右推出。眼睛看向右腿蹬出的方向。

（拾）
　　右脚向右快速落地，重心跟随右移。

（拾壹）
　　重心快速移至右腿，向右转体约90度，左脚快速向前跨一大步，落地时脚尖内旋，同时再次快速向右转体约90度；左手贴向右臂后，快速向左画弧；右臂屈肘水平右摆。

右脚快速插向左后方，脚尖先着地，上身右转；同时右手向右上方画弧至头部右前方。眼睛看向左侧。

拾叁

右脚脚掌落地，上身右转约180度；同时右手跟随上身一起右转；左手向右下方画弧至髋部左侧。眼睛看向左手的方向。

第四十九式　懒扎衣

壹

接上式。重心移向左腿，右脚收向左脚，脚不挨地；同时左手向后、向上画弧；右手向下画弧，眼随右手转动。

贰

右腿快速向右跨出一大步，呈左弓步，重心下降；同时右手向左、向上划至胸前，掌心向上；左臂屈肘，左手右推，直至左腕贴向右臂内侧。

叁

双手同时向身前做小幅内摆，然后重心移至左腿，上身左转，同时右手小幅左摆，掌心向左；左腕保持贴在右臂内侧。

重心移至右腿，上身右转回正；同时右手水平右捋，掌心向外；左手向下、向左画弧。眼睛看向右手。

右手捋至身体右前方，竖掌，约同肩高；左手贴至左腿上方，虎口向内；同时屈膝，持续降低身体重心。

第五十式　六封四闭

接上式。双腿屈膝，重心下降，上身左转，重心左移；同时双手一起向下、向左捋，掌心向外。

双手捋至身体左侧，左手掌心向后，右手掌心向上；同时上身继续左转，右腿彻底伸展开。

叁

上身右转，屈右膝，重心移至右腿，左腿伸展开；同时右掌下翻，向右屈肘回撤；左掌上翻，向上屈肘，掌心向右。

肆

上身右转，左脚向右脚的方向上一小步，脚尖点地；同时右手回撤至胸前；左手经左耳向前、向下推，直至接近右手，双手拇指指尖相对。

伍

双腿屈膝，重心下降的同时，双手向前、向下推，直至腹部前上方；同时上身后仰。眼睛看向双手。左脚保持脚尖点地。

第五十一式　单鞭

壹

接上式。右臂屈肘，右手收向胸前；同时左手向前、向下探出，掌心向上。

贰

右手在胸前位置变掌为钩手，然后右手向右前方、向上摆至约与肩平；左手收至腹部正前方。

叁

重心转移至右腿，左脚收向右脚，脚不挨地。

肆

左脚向左侧跨一大步，脚跟先着地，然后过渡至全脚掌，左腿蹬直，头部左转，看向左侧。

伍

上身稍稍左转，左腿向左顶膝；同时左手从腹部正前方摆向腹部左前方。

陆

右腿屈膝，上身右转；同时左手向右、向上画弧，靠近右手；头部也跟随右转。

柒

双脚踏实，重心保持稳定；左手向左水平捋，一直捋至身体左侧，手臂打开，掌心向左，眼睛看向左手，跟随左手移动。

捌

屈双膝，重心下降，左掌向上竖起，掌心向前。眼睛看向前方。

第五十二式 云手

壹

接上式。保持重心稳定，右手变掌向下、向左画弧。

贰

左膝前顶，右腿伸展开，上身左转；同时右手继续向左、向上画弧，直至左胸前方。

叁

右腿屈膝，重心右移，上身右转；同时右手向外翻掌；左手向下、向右画弧。

肆

重心继续右移，左腿伸展开，上身右转；同时右手向右水平画弧至头部右前方；左手也一起向右画弧。

伍

上身左转，重心迅速移至左腿，右脚插向左脚的后方，脚尖先着地；同时左手向左上方画弧至左肩前方，掌心向前；右手向下画弧至髋部右前方，再向左、向上画弧至身体左侧，并向上靠近左手。

陆
　　重心转移至右腿，上身右转，左腿向左迈出一步；同时右手翻掌，掌心向外，左手翻掌，掌心斜向外。

柒
　　身体回正，屈双膝，重心下降；同时右手向下画弧至右腿外侧；左手从腹部右前方继续向上画弧至右肩前。

捌
　　上身稍稍左转，重心迅速移至左腿，右脚再一次插向左脚的左后方，脚尖先着地；同时左手从右肩前向左水平画弧至左肩前方，掌心向前；右手向左、向上画弧至身体左侧，并向上靠近左手。

玖
　　重心移至右腿，上身稍稍右转，左腿向左迈出一步；同时右手向外翻掌，经脸部前方向右画弧至脸部右前方；左手向上翻掌，屈肘靠近左肩。

第五十三式　摆脚跌岔

壹

接上式。右腿向右顶膝，上身右转；同时左手经脸部前方向右摆至右胸前；右手也向上、向右摆至右肩的右前方。

贰

重心左移，上身左转，右脚贴向左脚，脚尖挨地；同时两手向下画弧。

叁

重心移至左腿，右腿向左前方提膝。

肆

保持重心稳定，右腿向左前方踢出；同时两手快速左摆，右臂屈肘，右手摆至胸部左前方，左手至左肩的左前方。

伍

右腿迅速向右、向下摆；同时两手快速右摆。

陆

右腿向下屈膝后，左摆至髋部前方，脚尖向下；同时右手向右摆至右肩的右前方；左臂向右屈肘，左手摆至胸前。

柒

以左脚为轴，向左转体约90度，右脚向下跺脚落地，并贴着左脚；右脚落地的同时双手变拳，右手向前出拳；左拳置于右臂上。

捌

左腿向前迈一大步，右腿向右屈膝下蹲，重心下降，上身右转约90度；同时右臂翻转，拳心向下，摆向头部右后方；左拳跟随上身一起右转。

玖

左腿继续向前滑，直至左腿完全着地，脚掌向前，脚尖向上，右腿的小腿内侧也着地；同时左拳向前伸至左脚上方；右拳尽量向右后方摆动。

第五十四式　金鸡独立

壹

接上式。双脚用力站起，重心前移；左臂跟随提升，右臂稍稍下压。

贰

继续起身，重心移至左腿，右腿向右前方迈出一步；右手收回至腹部；左手跟随重心的提升，上摆至腕与肩平。

叁

右手变拳为掌，上摆至肩部右前方，掌心向内；左手变拳为掌，向下翻掌并下按至腰部左侧。

肆 重心移至左腿，右膝上提，脚尖勾起；同时右手上举至头部右上方，掌心向上，指尖朝向左后方；左手下压至髋部左侧，掌心向下，指尖朝前。眼睛看向前方，通体有力，充满精气神。

伍 左腿屈膝，右腿保持勾脚尖，缓慢向下落，落地时用力踩地；同时右臂屈肘，右手下按至髋部右前方，下按的最后一刻要用力，和右脚用力踩地相配合。

陆 上身稍稍右转，两手稍稍右摆。

柒 然后上身左转，右脚向右迈一步，脚跟着地，重心左移；同时左手向左、向上画弧至左肩前；右手向上、向左画弧至胸部靠上位置。

捌 右脚掌落地，屈膝降低重心，上身继续左转；同时双手向下方画弧。

玖

重心右移，双手向右下方画弧至身体前方。

拾

重心移至右腿，左脚脚尖点地，为提膝做准备；同时右手向右下方画弧至髋部右侧；左手向上翻掌，屈肘上抬至手约于肩平。

拾壹

右腿伸直，重心上提，左腿提膝抬起；同时右手向下按掌，直至手臂伸直；左手向上推至头部左上方，掌心向上。眼睛看向前方，通体有力，充满精气神。

第五十五式　倒卷肱

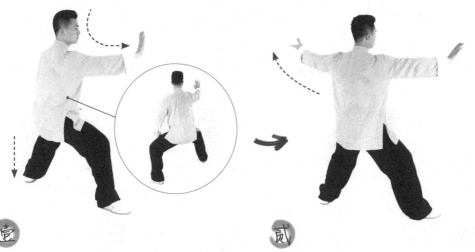

壹

接上式。左腿向左后方落地，屈右膝，重心下降；同时右手先上提至身前，再摆至右肩的右前方，掌心向前；左手经身前向左下方画弧至髋部左侧。眼睛看向右手的方向。

贰

上身左转；同时左手向左上抬至与肩平；右手掌心下压。

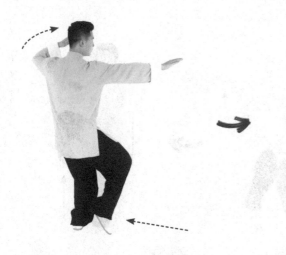

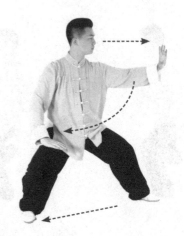

 右脚收向左脚，脚尖点地；同时左臂屈肘，左手收回至耳侧，头部向右侧偏转。

 上身右转，右腿向右后方撤步，屈双膝，重心下降；同时左手经左耳侧前推；右手向下画弧至髋部右前方。眼睛看向左手。

 左脚向右前方迈一小步，伸直，脚尖点地，重心右移，上身右转；同时右臂向身体右侧打开，腕与肩平。

 左脚收向右脚，脚尖点地；同时右臂向右耳侧屈肘。

 左腿向身体左后方撤步，上身左转；同时右手经右耳侧向前推出；左手向左侧腰间画弧。

第五十六式 白鹤亮翅

壹

接上式。重心左移，上身左转；同时左手从左侧腰间向左上抬至与肩平。

贰

右手掌心下翻，右脚收向左脚，脚尖点地；同时左臂屈肘收回至耳侧，头部向右侧偏转。

叁

上身右转，右腿向右后方撒步，屈双膝，重心下降；同时左手经左耳侧前推；右手向下画弧至髋部右前方。眼睛看向左手。

肆

左脚向右前方迈一小步，脚尖点地，重心右移，上身右转；同时右臂向身体右侧打开，腕与肩平。

伍

左脚收向右脚，脚尖点地；同时右臂向右耳侧屈肘。

陆

左腿向身体左后方撒步，上身左转；同时右手经右耳侧向前推出；左手向左侧腰间画弧。

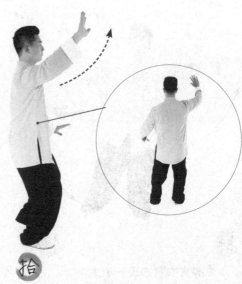

柒

上身稍稍左转，右脚稍稍收向左脚，脚尖点地；同时右手下按至腹部右前方，掌心向下；左手上举至头部左前方，手臂打开，掌心向外。

捌

右脚向右后方迈一步；同时两手收向胸前，交叉，左手架在右手上，掌心向右，右手掌心向左。

玖

右腿屈膝，重心向后，然后左脚收向右脚；同时双掌外翻，上抬至脸部前方。

拾

屈膝，降低重心，上身左转；同时右手上抬至头部右前方；左手下按至腹部左前方。

86

第五十七式 斜行

壹 接上式。保持重心稳定，身体微微左拧；同时右手向内、向下沿逆时针方向摆动；左手从腹部左前方向左后方摆动。

贰 以右脚脚跟为轴，身体右转约90度；同时右手向右、向下画弧至腹部右前方；左手向左、向上划至头部左前方。眼睛看向左手。

叁 保持重心稳定，左脚先收向右脚，然后向左后方跨出一大步；同时右手推向身体右侧；左臂先微微屈肘收向身前，然后再稍稍前推。

肆 上身右转，屈膝保持身体稳定；同时右掌上翻，右臂上抬约与肩平；左手经脸部左前方，摆向右胸前方。眼睛看向右前方。

伍 左腿向左顶膝，重心下降，上身左转，前倾；同时右臂屈肘，右手贴向右耳；左手掌心向下，指尖向右，随着身体的左转，向左、向下捋。

陆

随着上身的左转，右腿打开伸直，呈左弓步，重心提升；同时左手继续从身前摆向左上方，腕部略高于肩，然后掌变为钩手；右手跟随头部的左转，自然贴向左臂的大臂内侧。眼睛看向左手的方向。

柒

右手沿左臂前推，手臂伸直，掌心向前；左手呈钩手状，保持不动。

捌

上身右转，右手水平向右推至身体右前方，指尖向左。眼睛一直跟随右手方向转动。

玖

右臂向下沉腕，右手指尖向上，掌心向前。眼睛看向右手的方向。

第五十八式 闪通背

壹

接上式。保持左弓步姿势，上身左转；同时右手向外翻掌，再向左画弧至左肩前方，指尖向右；左手变钩手为掌，向左推掌，掌心向左。

贰

屈右膝，重心右移，左脚向右脚靠近一小步，脚尖着地；同时右手腕翻转，变为指尖向左，掌心向外，向右画弧至右肩前方；同时左手向下、向右画弧至髋部前方。

叁

上身稍稍左转，右手向右、向下画弧至髋部右侧，掌心向下；左手向右上方画弧，并屈肘收于身前，约同肩高。

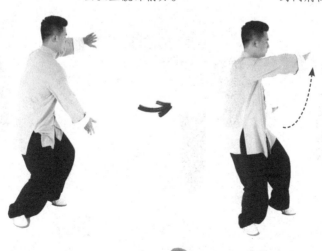

肆

上身左转约90度，右手画弧至腹部左前方；同时左臂向左推。左脚保持脚尖着地。

伍

重心转移至右腿；同时右臂屈肘，右手向上画弧至胸前；左手向下画弧至髋部左侧。

（陆）　　上身右转，左脚向左前方跨出一步，脚跟着地；同时右手下按至髋部右侧；左手上划，掌心向上，约同肩高。

（柒）　　左脚踩实，左腿向左前方顶膝，右腿伸直，呈左弓步，上身左转并前倾；左手翻掌向下按至髋部左侧；右手向上翻掌，并向上、向前穿至右胸前方。

（扬）　　双腿屈膝，重心下降，左脚脚尖内旋，向右拧转身体；同时右臂向身前屈肘，掌心外翻，指尖向左。

（玖）　　以左脚为轴，身体迅速向右转体180度；同时右腿向上提膝，脚尖向下；右臂保持在身前屈肘，掌心向外，跟随身体一起右转；左臂向身体左侧打开，约与肩平。眼睛看向右手。

（拾）　　双手在身前交叉，掌背相对，掌心向外。眼睛看向前方。

第五十九式 掩手肱拳

接上式。保持双手在胸前交叉姿势，右脚下落踩实，双腿屈膝。

保持双手姿势，左腿向左前方迈出一步。

屈膝，重心下降；同时两手下压至腹部前方，掌心朝下。

左膝前顶，右腿打开，呈左弓步，双手向身体两侧平举，掌心向外。眼睛看向左手。

伍

上身右转，身体后坐，重心下降；同时右手变掌为拳，屈肘收于右胸前；左臂向身前屈肘，手同肩高。

陆

上身迅速左转，同时右腿快速蹬直；右手快速向正前方出拳，拳心向下；左手则快速收向左侧腰间。

第六十式　六封四闭

壹

接上式。上身右转，重心右移，左腿伸展开；同时右手变拳为掌，向右、向下画弧；同时左手向右、向上画弧，直至贴近右手腕部。眼睛看向右手。

贰

双腿屈膝，重心下降，上身左转，重心左移；同时双手一起向下、向左捋，掌心向外。

叁

以左脚为轴，向左转体约 90 度，右脚贴向左脚，脚尖点地；同时双手继续向左捋。

肆

上身继续左转，右脚向右前方迈出一步；同时双手继续捋至身体左侧，左手掌心向外，右手掌心向上。

伍

上身右转，屈右膝，重心移至右腿，左腿略略打开；同时右掌下翻，向右屈肘回撤；左掌上翻，向上屈肘，掌心向右。

陆

向右转体，左脚向右脚的方向上一小步，脚尖点地；同时右手回撤至胸前；左手向前、向下推，直至接近右手，两手拇指指尖相对。

柒

双腿屈膝，重心下降的同时，双手向前、向下推，直至腹部前上方。眼睛看向双手。左脚保持脚尖点地。

第六十一式 单鞭

壹

接上式。右臂屈肘，右手收向胸前；同时左手向前、向下探出，掌心向上。

贰

右手在胸前位置变掌为钩手，然后右手向右前方、向上摆至约与肩平；左手收至腹部正前方。

叁

重心转移至右腿，左脚收向右脚，脚不挨地。

肆

左脚向左侧跨一大步，脚跟先着地，然后过渡至全脚掌，左腿蹬直，头部左转，看向左侧；同时左臂继续从腹部正前方摆向腹部左前方。

伍

上身稍稍左转，左腿向左顶膝；同时左手从腹部正前方摆向腹部左前方。

陆

右腿屈膝，上身右转；同时左手向右、向上画弧，靠近右手；头部也跟随右转。

柒

双脚踏实，重心保持稳定；左手向左水平捋，一直捋至身体左侧，手臂打开，掌心向左，眼睛看向左手，跟随左手移动。

捌

屈双膝，重心下降，左掌向上竖起，掌心向前。眼睛看向前方。

第六十二式　云手

接上式。保持重心稳定，右手变掌向下、向左画弧。

左腿向左顶膝，右腿伸展开，上身左转；同时右手继续向左、向上画弧，直至左胸前方。

右腿屈膝，重心右移，上身右转；同时右手向下翻掌；左手向下、向右画弧，指尖向右前方。

肆

　　重心继续右移，左
腿伸展开，上身右转；同
时右手向外翻掌，向右
水平画弧至头部右前方；
左手也一起向右画弧。

伍

　　上身左转，重心迅速移
至左侧；同时左手向右上方
画弧至右肩前方，掌心向前；
右手向下画弧至髋部右前方。

陆

　　上身左转，重心迅速移至
左腿，右脚收向左脚；同时左
手向左回撤至左肩前方，掌心
向前；右手向左、向上画弧至
身体左侧，并向上靠近左手。

柒

　　重心转移至右腿，上身
右转，左腿向左迈出一步；
同时右手向上画弧至脸部前
方，再经脸部前方向右画弧；
左手向下画弧至左腿外侧，
再向右画弧至腹部右前方。

捌

　　身体回正，屈双膝，
重心下降；同时右手继续
向下画弧至右腿外侧；左
手从腹部右前方继续向上
画弧至右肩前。

玖

　　上身再一次左转，重心
迅速移至左腿，右脚再次收
向左脚；同时右手向左、向
上画弧至左肩前方；左手经
脸部前方向左画弧后再向下
按至髋部左侧。

拾

　　重心再次移至右腿，上身右转，左腿向左迈出一步；同时右手经脸部前方向右画弧；左手向右画弧至腹部右前方。

拾壹

　　身体回正，屈双膝，重心下降；同时右手继续向下画弧至右腿外侧；左手从腹部右前方继续向上画弧至右肩前。

拾贰

　　上身左转，左腿顶膝，右腿伸展；同时左手经脸部前方向身体左侧画弧，掌心向外。眼睛看向左手。

第六十三式　高探马

壹

　　接上式。上身左转，右脚贴向左脚，脚尖点地；同时右手贴向左手下方，左手五指张开，掌心向右，右手掌心向上。

贰

　　右脚向右后方撤一大步；同时右手向下翻掌。眼睛看向右手。

叁

　　上身右转，右腿屈膝；同时右手向身体右侧画弧至腕与肩平；左手保持姿势不变。眼睛看向右手。

肆

重心移向右腿；同时右臂屈肘，右手贴向右耳。

伍

以右脚为轴，身体向左后方转体约180度；左脚向左后方斜插，脚尖先着地，再过渡到脚掌；同时右手经右耳侧向前水平推出；左手向下贴向腹部，掌心向上。

第六十四式　十字脚

壹

接上式。右手保持掌心向前，手掌稍稍内旋；左手向下翻掌，并向右上方画弧至右臂内侧。

贰

重心左移，上身稍稍左转；同时右手向右、向下画弧至腹部右前方，掌心向左，指尖向下；左手向左、向上画弧至胸部前上方，掌心向右，指尖向上。

叁

　　右脚以脚跟为轴，向
右拧转90度，带动身体向
右转体90度；同时右手屈
肘上抬至胸前，掌心向外，
指尖向左；左手掌心贴向右
臂内侧，掌心向右。

肆

　　重心转移至右腿，同
时身体右转约90度，左脚
收向右脚内侧，脚不挨地；
右手上抬至额头右上方；左
臂保持屈肘于胸前。

伍

　　左脚向左迈一步，落
地时脚尖向前。屈双膝，
重心下降。

陆

　　重心继续下降，同时
左手向左下方画弧至左膝
前；右手推向右前方。眼
睛看向左手。

柒

　　左腿向左顶膝，重心左移；
同时左手向上画弧至脸部左前方，
并最终向胸前屈肘，竖掌，掌心
向右；右手向左下方画弧至腹部左
前方，并最终上划至左肘下方。

捌

　　重心移至左腿，右
脚快速贴近左脚；同时
左手向外翻掌。

玖

保持重心稳定，左手推向左肩的左上方；同时右脚向左前方上踢，脚尖触到左掌心。

拾

然后右脚沿先右上方、再右下方的轨迹，呈弧线形下落至身体右侧，屈膝，脚尖向下；同时左手下落至髋部左侧。眼睛看向右手。

拾壹

以左脚为轴，快速向右转体90度，右脚贴于左脚内侧后，紧接着快速屈膝上提，脚尖向下；同时左臂快速向上屈肘，至左手位于左耳侧；右手向右、向下摆至身体右侧。

第六十五式 指裆捶

壹

接上式。右脚贴左脚落地，屈双膝；同时双手在胸前交叉，掌背相对。

贰

重心右移，左脚向左迈出一步。眼睛看向双手。

叁

　　屈左膝，重心下降；同时双手向身体两侧打开。

肆

　　左腿伸展，重心右移，上身稍稍右转；同时左臂屈肘，收向肩部左前方；右手变拳，右臂向胸前屈肘。眼睛看向左手。

伍

　　屈双膝，重心降低，上身前倾；同时左手下摆至胸部前方，掌心向上；右拳也下落至胸前，略略高于左手。

陆

　　保持重心稳定，右手快速向身体前下方出拳；同时左手快速向后屈肘，收向身体左侧。

第六十六式　猿猴献果

 壹

接上式。重心上提，上身略略右转，背部略略后弓；同时右手向右上方提起；左臂稍稍向外顶肘。

貳

左腿向左前方顶膝，右膝向左下方屈膝，上身稍稍左转，重心再次下降；同时右手向右下方画弧至腹部右前方。

叁

重心转移至左腿，上身左转，右脚向前贴向左脚，脚不挨地。眼睛看向右手。

 肆

保持重心稳定，右膝上提，脚尖向下；同时右臂保持屈肘向上抬起，直至右拳约与鼻齐；左拳最终向右臂方向抬升。

第六十七式 单鞭

 壹

接上式。右脚向右前方落地；同时双手变拳为掌，向身体两侧打开。

 贰

上身左转，重心左移；同时双手分别屈肘收至脸部两侧的侧前方，掌心相对。

 叁

双腿屈膝，重心下降的同时，双手向前、向下推，直至腹部前上方。眼睛看向双手。左脚保持脚尖点地。

 肆

右臂屈肘，右手收向胸前；同时左手向前、向下探出，掌心向上。

 伍

右手在胸前位置变掌为钩手，然后右手向右前方、向上摆至约与肩平；左手收至腹部正前方。

 陆

重心转移至右腿，左脚收向右脚，脚不挨地。

（捌）

左脚向左侧跨一大步，脚跟先着地，然后过渡至全脚掌，左腿蹬直，头部左转，看向左侧；同时左臂继续从腹部正前方摆向腹部左前方。

（玖）

上身稍稍左转，左腿向左顶膝；同时左手从腹部正前方摆向腹部左前方。

（玖）

右腿屈膝，上身右转，同时左手向右、向上画弧，靠近右手；头部也跟随右转。

（拾）

双脚踏实，重心保持稳定；左手向左水平掤，一直掤至身体左侧，手臂打开，掌心向左，眼睛看向左手，跟随左手移动。

（拾壹）

屈双膝，重心下降，左掌向上竖起，掌心向前。眼睛看向前方。

第六十八式 雀地龙

壹

接上式。上身稍稍左转，前倾；同时右手钩手变掌，向左前方画弧至身前；左臂屈肘收向胸前。

贰

上身右转，右腿向右顶膝，左腿伸展；同时右手变掌为拳，向头部前上方画弧；左手变掌为拳，收向右肩前。

叁

上身稍稍左转，右腿屈膝下压，左腿伸展，重心下降；同时左拳下摆至大腿内侧。

肆

重心继续下降，右腿屈膝至大小腿几乎折叠；同时左拳向前伸至左腿的小腿上方；右拳尽量向右后方摆动。

第六十九式　上步七星

壹
接上式。双腿站起，重心提升且前移，左膝前顶；同时右手在身后下摆。眼睛看向左手。

贰
上身左转，右脚向前收向左脚，脚不挨地；同时左臂上抬，稍稍屈肘；右臂向身体右侧屈肘。

叁
右脚向前落地，右膝伸展，上身稍稍后仰；同时双拳交叉于身前，约同肩高，拳心向内。眼睛看向双拳。

肆
双拳保持交叉，同时向下、向内画弧至身前；背部跟随双拳的动作，稍稍后弓。

伍
双拳从身前继续向前画弧，变拳为掌，左手掌心向右，右手掌心向左。

陆
保持双掌交叉的姿势，双手突然发力前推。

第七十式　下步跨肱

 壹

接上式。右腿向后撤一大步，伸直。眼睛看向前方。

贰

屈双膝，重心下降，上身右转；同时双手向右下方画弧。

 叁

上身继续右转，重心右移；左手画弧至腰部左侧；右手继续向右画弧至身体右侧，略低于肩。眼睛看向右手。

 肆

左脚收向右脚，脚不挨地，然后向前落步；同时左手向右上方画弧，右手向右下方画弧，两手在身前一上一下，右手掌心向左，左手掌心向右。

第七十一式 转身双摆莲

壹　接上式。上身稍稍向左拧转；同时左手顺势继续向右摆，右手继续向左摆，双手在身前呈交叉状。

贰　上身右转，右手外翻，屈肘向右画弧；左手向左下方按至髋部左前方。

叁　右脚脚跟点地，以右脚脚跟为轴，向右转体；右手继续向右画弧至头部右前方；左手保持在髋部左前方，跟随身体一起转动。

肆　向右转体的过程中，左腿向上提膝，脚尖向下；同时左手向左上方画弧，保持与左膝上下相对。

伍　保持双手姿势，继续快速向右转体。

陆　转体整整360度。保持左膝提起，右手位于头部右前方，左手与左膝上下相对。眼睛看向前方。

捌

左脚向左前方落步，同时右腿向右后方屈膝，重心右移；同时左臂向右后方摆至胸部右前方。紧接着左腿向前屈膝，重心再前移。

扨

上身右转，重心右移；同时双手先小幅度向左上方摆动，然后再同时经脸部前方向右下方画弧至胸部右前方。双手一边画弧，双腿一边屈膝，重心下降。

玖

右脚贴近左脚，脚不挨地，脚尖向下，上身稍稍左转；同时双臂同时稍稍左摆。

拾

保持重心稳定，左脚蹬地发力，右脚向上踢出，同时双手向下拍击右脚脚面。眼睛看向双手。

拾壹

右腿向下屈膝，上身稍稍左转；同时双手左摆，掌心向左。

第七十二式 当头炮

壹

接上式。右腿向右后方撤一大步，上身左转约90度；同时双手经脸部前方向左画弧，左手画弧至左肩前方，右手画弧至胸部右前方，掌心均向前。

贰

双腿屈膝，重心下压，上身前倾；同时双手向前下方画弧至腹部左前方。眼睛看向左下方。

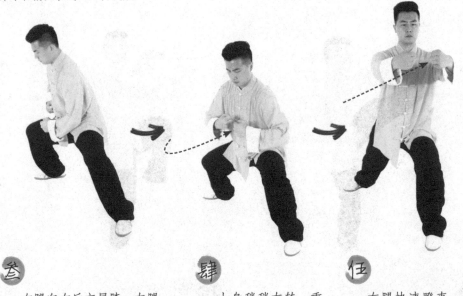

叁

右腿向右后方屈膝，左腿伸展开，重心右移，上身右转；同时双手向右下方画弧至腹部右前方，然后双掌变为双拳。

肆

上身稍稍左转，重心左移；同时双拳摆向胸前。

伍

右腿快速蹬直，上身快速左转；同时双拳快速向左上方出拳。眼睛看向出拳的方向。

第七十三式 金刚捣碓

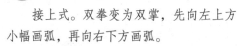

壹

接上式。双拳变为双掌，先向左上方小幅画弧，再向右下方画弧。

贰

右腿向右顶膝，重心右移，上身右转；同时右手向外翻掌，向右水平画弧；左手外旋后也向右水平画弧。

叁

重心继续右移，左腿伸展打开；同时右手向右画弧至右肩前方，左手向右画弧至胸前。眼睛看向左前方。

肆

上身右转，双腿屈膝，重心下降；同时双手向右下方画弧。眼睛看向右下方双手的方向。

伍　上身稍稍左转，重心左移；同时两手向左画弧，右手掌心向外，左手掌心向下。

陆　上身继续左转，回正，左腿向前顶膝，右腿伸直打开；同时左手向左上方画弧至左肩前方，右手画弧至髋部右侧。

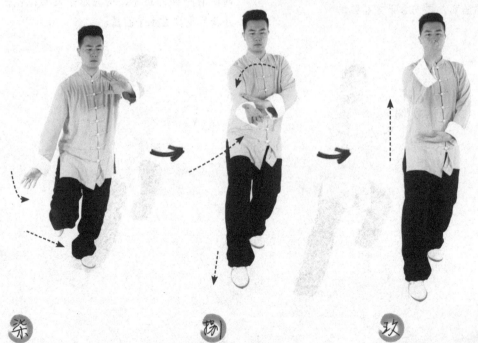

柒　重心转移至左腿，上身继续左转，右脚收向左脚，脚不挨地；同时右手继续向前划至腰部右前方；左臂向身前屈肘。

捌　右脚在身体右前方落地，屈膝；同时右臂前抬，掌心向上；左臂收向左胸，再贴向右臂内侧。

玖　右臂屈肘上抬，至脸部前方时变掌为拳；同时左臂下落，掌心向上。

拾

保持身体其他部位动作
不变，右臂下落，右拳砸向
左掌心。

拾壹

右臂再次屈肘上抬至
脸部前方；同时右腿屈膝
提起。

拾贰

右臂再次下落，右拳
砸向左掌心，做捣碓状；同
时右脚向右落地，屈膝。

第七十四式　收势

壹

接上式。保持双腿屈膝的状态；同时右
拳变掌，双手向身体两侧打开，掌心斜向前。
眼睛看向右手的方向。

贰

双手继续向身体两侧打开，直至约
与肩平。

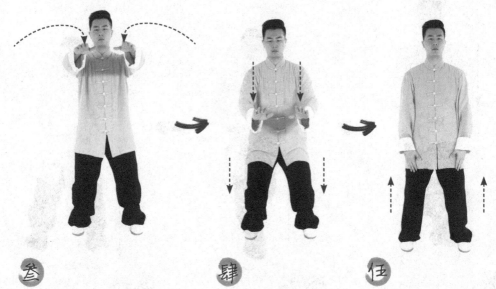

叁

　　双腿逐渐伸直，重心上提；同时两手从身体两侧经脸部两侧缓慢画弧至双肩前方，掌心向下，眼睛看向前方。

肆

　　双腿屈膝，重心下降；同时双掌下按至腹部前上方。

伍

　　双腿伸直，双手下放至双腿前侧，掌心向内。眼睛看向前方。

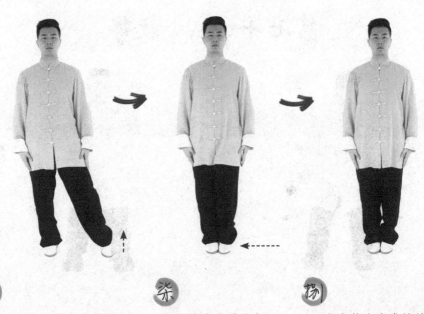

陆

　　双手进一步收向髋部两侧，掌心向内。然后左脚跷起脚尖。

柒

　　保持身体其他部位不动，左脚收向右脚，脚尖点地。

捌

　　左脚整个脚掌接地，眼睛看向前方。陈氏太极拳老架一路74式整个套路展示完毕。